AF398891

Herstellung und Verlag: Books on Demand GmbH, Norderstedt

ISBN 978-3-8448-6976-7

Vorab

Für Euch

Diese kleine Reihe verschiedener Gedichte sind im Besonderen
meiner Familie, meinen Freunden und natürlich auch allen Menschen,
die an Aussagen in Form von Versen interessiert sind, gewidmet.

Gedichte sind . . .

Gedichte sind wie in der Mathematik die Lehrsätze und Formeln.
Umfangreiche Themen werden konzentriert auf das Wesentliche.
So kann der Leser durch diese Aussage angeregt,
sich mittels weniger Aufzeichnungen eine eigene, große
Gedankenwelt erschließen.

Wir Menschen leben zum Großteil davon, dass wir einander
informieren, einander gewonnene Erkenntnisse zur Verfügung stellen.
Dies zeigt uns auch die Bedeutung der Menschen auf, die uns
vorangegangen sind.
Somit möchte auch ich ein nützliches Bindeglied sein, zwischen
meinen Vorfahren und anderen Menschen, die zur Zeit auf dieser Erde
ihre Erfahrungen machen dürfen.
Denn nicht ohne Grund hat unser Schöpfer uns ganz bewusst auf diese
Erde gestellt.
Möge diese kleine Reihe von Gedichten Euch Freude bereiten,
vielleicht auch hier und dort eine Ermahnung sein, Mut machen,
Anregungen geben und einen Maßstab aufzeigen, der uns hilft, im
Leben auf der Erde erfolgreicher zu sein.

Gerhard Jobs
Braunschweig den 11. Juli 2011

Inhaltsverzeichnis

Nora	6
Meinem Sohn Jared	9
Lieber Willy	11
Natur	13
Nachsommer	15
Büropapier (Papier, Zeit)	17
Alle sollten es wissen	19
Mein Elternhaus	21
Weihnachtszeit (1)	23
. . . . und ich	25
Für meine liebe Ingeborg	27
Meiner Tochter Miriam	29
Weihnachtszeit (2)	31
Kein Siegen und Verlieren	33
Weihnachtliche Besinnung	35
Es gibt ihn, - den Schöpfer, . . .	37
Miriam geht auf Mission	39
Herbst und Bücher	41
Das Leben ist voller Turbulenzen	43
Miriam und Christian heiraten	45
Jonathan	47
. . . . ein verheißener Ort, ein ganz besonderes Haus!	49
Ute	51
Du (Mensch) und die Schöpfung	53
Freiheit	55
Der Herr Kommerzienrat	57
Deine Ahnen und Du !	61
. . . . alles in Unruhe ! -- (Teile I+II)	62
Lea und Carina	65
Nationalismus(s), Fanatismus(s), Patriotismus(s)	67
Natur (II)	69
Die Erde l(b)ebt!	71
Der Herr - unser Gott - unser ewiger Vater	73
Thomas	75

. . . . alt werden und alt sein (Teil I) 77

. . . . alt werden und alt sein (Teil II) 79

warten 81

Was hat Gott sich dabei gedacht? 82

Gott und Mutter 85

Wohin ich auch schau, wo ich auch bin 87

Ingeborg 89

Ewigkeit berührt Sterblichkeit 91

Liebe 93

Geld! 95

Geschichte 97

Nora

- Glücklich ist, wer Glück bewahren kann -

Man ist jung, man fühlt sich wohl,
das Leben gibt einem voll.

Groß ist der Schwung, mächtig die Kraft,
schnell hat man alles geschafft.

Man liebt die Blumen, das duftende Gras,
selbst an Regentagen macht das Leben dir Spaß.

Das Herz ist weit, man erobert die Welt,
man ist glücklich, braucht kaum Geld.
– sie ist noch in Ordnung, die Welt.

Man ist gern zu zweit, es verliert sich die Zeit,
man ist zum Necken und Scherzen bereit.

Die Zukunft ist schön, ein sonniges Land,
oft geht man Hand in Hand.

Man versteht sich, man hat sich verliebt,
kein Wölkchen den blauen Himmel betrübt.

Nun ist man bereit für ein Leben zu zweit,
mit Erwartungen für eine Ewigkeit.

Man ist sich ganz nah, das glücklichste Paar der Welt,
die Liebe reicht bis zum Himmelszelt.
– sie ist noch in Ordnung die Welt.

Man wird älter, die Jahre vergehen,
welche Werte bleiben bestehen?

Der Alltag drückt, die Kraft lässt nach,
manche Stunde liegt man wach.

Man fasst wieder Mut, stürzt erneut in den Kampf,
langsam löst sich die Lähmung, der bindende Krampf.

Man schaut in den Spiegel, sieht trotz der Falten,
Geistiges muss den Körper verwalten.

Man ist nicht mehr jung, nicht mehr ein Held,
Anderes zählt auf dem Erdenfeld.
            – sie ist noch in Ordnung, die Welt.

Mag die Zeit auch vergehen, das Äußere verfallen,
man lernt, Geistiges kann nur an Geistigem festhalten.

Die Haut ist schon welk, der Atem wird knapp,
doch vieles gewinnt man dem Leben noch ab.

Man fühlt schon die Jahre, denkt an die frühere Zeit,
bald ist man für eine Erneuerung - Auferstehung - bereit:

Man zieht Bilanz, das Leben war und ist immer noch schön,
hast Du Schöneres als das Erdenleben jemals gesehen;
            – sie ist noch in Ordnung, die Welt.

Man ahnt hin und wieder, von mehr, als hier ist,
für solches ist der Schlüssel Jesus "der Christ".

Gerhard Jobs

Braunschweig, d. 19.08.1981

Kinder

Mit ihnen kannst du dich neu erleben

– und viel Verborgenes an dir entdecken.

Meinem Sohn Jared

(10 Jahre alt)

Bedenke – Blumen wachsen doch fast überall,
und meistens sind sie sogar schön.
Wie viele Menschen, schaue nur, und ist das nicht fatal,
achtlos daran vorüber zieh'n.

Der Herr hält viel Schöneres noch bereit,
nicht nur für Aug` und Ohr,
doch wem wird das Herz schon weit,
wer stimmt schon ein in den Jubelchor?

Mein Sohn, bewahre dir den rechten Blick
für die Schönheiten der Natur –
und bedenk', was länger währt als das Erdenglück,
das zählt letztlich nur.

Gerhard Jobs

Braunschweig ,   Mai 1982

Verstanden werden

Entscheidend ist nicht, was du sagst,

—   sondern wie du verstanden wirst.

Lieber Willy

(zu seinem besonderen Geburtstag)

Fünfzig Jahre haben viele Tage,
gefüllt mit Freude, Hoffnung und Plage,
sicher war nicht immer nur Sonnenschein,
doch sollte es wirklich anders sein?

Gäb's das Gute, wenn das Schlechte nicht wär'?
Kann etwas voll sein, wenn nicht auch leer?
Wer nur das Gute will erleben,
dem hat das Leben nicht viel zu geben.

Wer aber frohen Mut's das Schlechte kann erleben,
dem ist des Lebens Schlüssel gegeben.
Wer so belehrt und so verfährt,
dem ist jeder Tag etwas wert.

Ich wünsche Dir vom ganzen Herzen,
inneren Frieden, Freude und Glück;
Sieg über Sorgen, Kummer und Schmerzen,
dann denkst Du gern an Dein Leben zurück
          – und kannst über jeden Tag scherzen.

Gerhard Jobs

Braunschweig, d. 22. 06. 1982

Allein bist du . .

Allein bist du,

    wo auch immer,

        wenn du dein „Herz" verschließt.

Natur

Wie schön ist Wald und Flur,
geh doch hinaus und schaue nur,
wend deinen Schritt zu stillen Stellen,
genieße von des Wassers und des Lebens Quellen.

Fühle, wie sehr du dort belebt,
wie deine Seele sich erhebt.
Ja, schon die ersten Sonnenstrahlen,
nehmen dir des Alltags Qualen.

Sieh, selt'ne Blumen dort noch blüh'n,
merkst du, wie dunkle Gedanken dir entflieh'n.
All der Blätter schlichtes Grün,
lässt Frieden in dein Herz einzieh'n.

Bald nimmt die Natur dich ganz gefangen,
in Wirklichkeit hast du neu angefangen.
Du bist von ihrer Schönheit sehr ergriffen,
vielleicht, weil du dich nun als ein Teil der Schöpfung hast
begriffen.

Dein Schritt wird langsamer, du gehst zurück,
seltsam gestärkt bist du, vielleicht sogar beglückt.
Fürwahr, wohl dem, der in Wald und Flur gegangen,
was brachte er schon mit und wie viel hat er doch empfangen.

Gerhard Jobs

Braunschweig, d. 01.07.1982

Entwicklung

Was du siehst, ist nicht, wie es für immer bleiben wird,

    – denke an die schlichte Raupe des Kohlweißlings

und erahne den schönen Schmetterling,

      – gestehe also jedem Entwicklung zu.

Nachsommer

In Wald und Flur kehrt Ruhe ein,
das Laub fällt von den Bäumen.
Ein Teil der Vögel südwärts zieh'n,
als gäb`s dort etwas zu versäumen.

Der Wind bringt schwere Wolken mit
und nässt den noch vom Sommer trock'nen Boden.
Das Eichhorn häuft sich Vorrat an,
als wär`die Welt schon heut verloren.

Nebelschwaden steigen auf
und kleiden alles in ein tristes Grau.
Die Igel suchen eine sich're Bleibe,
als wär`die Zukunft kalt und rau.

Nun wird es leise, ja sogar still.
Schneeflocken fallen auf den Boden,
nichts regt sich mehr, es ist wie Tod,
nicht so, – alles hat doch Odem.

Gerhard Jobs

Braunschweig, d. 14. 07. 1984

Verloren

verloren hat, wer sich – (sein eigenes Ich) – verloren hat.

Büropapier
(Papier/Zeit)

Büromaschinen klappern rings um mich her.
Fleißige Hände und tiefe Gedanken verändern das Papier
und noch vieles mehr.

Ist's der Brief an die Eltern, sind's die Zeilen vom Freund,
ist's die Hochzeitsanzeige oder das Blatt mit dem schwarzen Verzier,
    – ich blick' aus dem Fenster und denk' an Papier.

Papier und die Zeit, so denk' ich bei mir,
sie sind neutral, haben kein Gefühl irgendwofür,
    – ob da Maschinen klappern, oder ob Glocken läuten.

Überhaupt, beides scheint leblos, fast ohne Sinn,
    – nicht so, sie bieten doch Platz, sie geben doch Raum,
sie ermöglichen Leben, sie erfüllen manchen Traum.

Du selbst bist es, der beides beschreibt, der beides füllt,
mit Leben, mit Ausdruck, mit deinem "Ich",
    – wenn beides leer bleibt, dann erst vernichtest du dich.

Gerhard Jobs

Braunschweig, 1982 - 1984

Ich bin noch auf dem guten Weg

Wenn Menschen mich hassen, kann ich sicher sein,
    dass ich noch auf dem guten Weg bin.
Denn gute Menschen hassen nicht
    und böse Menschen hassen das Gute.

Alle sollten es wissen

Weißt Du,	dass es einen Schöpfer gibt, der auch Dich erschaffen?
Weißt Du,	dass er alle seine Kinder liebt? Und nie sollst Du eines von ihnen hassen!
Hast Du vernommen,	dass der Herr des Himmels, wieder zu den Menschen spricht?
Hast Du vernommen,	dass Gott den Bund, den ewigen, der schon seit Adam für uns besteht, niemals bricht?

—   und wer weiß es noch?

Ist Dir bekannt,	dass es heute einen Propheten, wie früher Moses wieder gibt?
Ist Dir bekannt	dass Gott durch das Priestertum, die tröstet, die einsam und betrübt.
Erhieltest Du Kunde,	dass die Familie nicht nur hier, sondern ewig währt?
Erhieltest Du Kunde,	dass Satan nicht nur Dich, sondern auch deinen Nächsten heiß begehrt?

—   und wer weiß es noch?

Blieb Dir verborgen,	dass der Mensch seinen Schöpfer schnell vergisst und hilflos in die Irre geht?
Blieb Dir verborgen,	dass Du vielleicht deines Mitmenschen Rettung bist, sodass die Lebensprüfung er besteht?
Hat man Dir mitgeteilt,	dass Du auf des großen Schöpfers Wegen, stets mutig vorwärtsgehen sollst?
Hat man Dir mitgeteilt,	dass Du durch Dein gutes Beispiel, das Du gibst, Gott die größte Ehre zollst.

—   und wer weiß es noch?

Gerhard Jobs

Braunschweig,   Oktober 1985

Danke

– ist ein Wort, das Herzen miteinander verbindet.

Mein Elternhaus
(Dank an meine Eltern)

Wer hat in meiner Kindheit mich geführt?
Wo gab es Wärme auch an kalten Tagen?
Dank ihnen hat vieles Unangenehme mich nur zart berührt!
Wo wurde zur Freude selbst das Klagen?

Wer strich über meine vom Fieber heiße Stirn?
Wo brauchte keinen Gedanken ich verstecken?
Wie oft wohl nahm man in die Hände Nadel, Zwirn,
um mich zu bekleiden, wärmend zu bedecken.

Sie scheuten keine Arbeit für das täglich' Brot
und ich schlief, da recht geborgen, schon bei der
"Gutenachtgeschichte" ein.
Sie führten an der Hand mich durch Krieg und Tage großer Not,
und ich fern aller Sorgen, konnte unbekümmert sein.

Sie schenkten mir viele Stunden ihrer schönsten Jahre,
wo hätt' es besser für mich können sein?
Sie lehrten mich durch ihr Beispiel – Liebe ist das Wahre
und mussten mir manchen Schabernack verzeih 'n.

Danke, möchte ich sagen, und dazu ist es noch nicht zu spät,
und so wie Ihr, hab' auch ich meine Kinder nun belehrt.
Danke, Vater, Mutter für das Gute, das in mir Ihr gesät
und sicher ist auch meinen Kindern ihr Elternhaus etwas wert.

Gerhard Jobs

Braunschweig, Oktober 1985

Gutes, Ewiges, Göttliches

Sich auf das Gute, Ewige, Göttliche besinnen,

heißt, dem all zu Menschlichen,

dem zu Ichbezogenen zu entrinnen.

Weihnachtszeit (1)

Lichterketten, Weihnachtssterne, alles reichlich bunt verziert,
genügend Ware, die feinsten Sachen, alles, was das Herz begehrt.
Menschen eilen durch die Straßen, mustern alles dreist, ja ungeniert.
Jeder soll doch etwas haben, damit jedem ja viel Freude widerfährt.

Reicht das schon aus? Bloß nicht zu billig! Ob es sie auch interessiert?
Die Pute ist schon tiefgefroren und wie schnell ist sie verzehrt.
Da, die Etage für die Kinder, ein Rattern, Blinken, alles gut platziert.
Auch mein Kind soll spielend lernen, mehr Intellekt, ein Computer hat
den Wert.

Oh.., die Stunden eilen wie im Fluge, wo bist du schöne
Weihnachtszeit?
Ich gehe in mich, lass alles einfach liegen, gehe dann zur Stadt hinaus.
Von Ferne hör ich's, wie ein Rauschen, die Hektik, die Betriebsamkeit.
Ich bleibe stehen, um zu lauschen, mein Herz klopft, Stille, nun bin ich
frei von dem Gebraus.

Schneeflocken fallen sacht hernieder, kleiden in ein reines Weiß,
Ich blicke zu den von Schnee bedeckten Bäumen, zu Zeugen der
Genügsamkeit.
Es ist schön dem Treiben etwas zu entsagen, wie auf höheres Geheiß.
Einmal sein Inneres zu fragen, denn so fand schon mancher den
Frieden, den Frieden für die Weihnachtszeit.

Gerhard Jobs

Braunschweig, d. 17. 01. 1986

Denkmal

Ein Denkmal sagt Dir: „denk´mal"!

. . . . . und ich

Oh, welch ein Reiter und Roß,
gerne wäre ich mit bei Napoleons Tross.

Petra, Angelika, sie mögen Hagen,
     – die Schultasche darf ich ihnen tragen.

Schön, wie dem Vater die Uniform saß,
ich habe nicht das Gardemaß.

Rainer tanzt mit schön Kathrin, das Luder,
     – ich habe ja meinen Bruder.
Karl ist stark, du Schwächling,
     – mich erschüttert's bis in's Mark.

Herberts Mutter ruft Herbert zur Suppenschüssel,
vor meiner Brust hängt unser Wohnungsschlüssel.

Der Lehrer mag Klara,
ob man überhaupt merkt, dass ich da war?

Helgas neues Kleid - modisch lila
meine ältere Schwester trägt ihr's noch bis zum Frühjahr.

Die Polizei führt Dieter durch die Menschenmenge aus dem Laden,
     – nicht mich will man haben!

Gerhard Jobs

Braunschweig, d. 28. 09 1988

Liebe

Je mehr du etwas liebst, je größer kann auch dein Leid sein.
Je weniger du etwas liebst, je weniger wird auch deine
Freude sein.

      – trage also das Risiko und liebe.

Für meine liebe Ingeborg
(anlässlich unserer Silberhochzeit)

Samstag, den 16. Mai 1964, ein Tag, wie kein anderer?
Kinder werden geboren, irgendwo verlöscht das Lebenslicht.
Ein neuer Star wird erkoren, ein Steiger fährt die letzte Schicht.
Da war sie, die Liebste, die Heimat für einen Wanderer.

Sie gab ihm ihr „Jawort", an diesem herrlichen 'Tag.
Tage, welch' kostbare Zeit, die Menschen hasten und eilen.
Zuwendung macht das Herz uns weit, das Leben ein Schubsen und Keilen.
Er war so froh, ja glücklich, dass er es noch nicht so recht zu begreifen
vermag.

Besonnenheit, tragende Ruhe, ein Geschöpf mit stiller Eleganz
und doch voller Freude, nicht nur sachlich, etwa ohne Lachen und Scherzen?
Gibt dir das Leben voll, erhebt es dich sehr, ohne viel Schmachten und
Schmerzen.
Wird er es je erfassen, ja, recht verstehen ganz?

Dieses liebende Wesen, diese fleißigen Hände, diese braunen Augen voller
Glück,
sie kann so leicht sich erfreuen an kleinen Dingen, ist das Umfeld auch öde
und leer.
Alles Leid bezwingen, macht Deine Nähe zum Freudenmeer.
Nichts gab es zu bereuen, an alles denkt er, der Wanderer, gerne zurück.

Seit 25 Jahren bin ich es, – der glückliche Wanderer.
Verständnis, immer Brücken bauen, ja auch Respekt dem Kleinsten
erbringen.
Ehrlichkeit, viel Gottvertrauen, dann werden Gesänge der Freude erklingen.
Auch am Dienstag, den 16. Mai 1989, an einem Tag wie kein anderer!

Gerhard Jobs

Braunschweig, Mai 1989

Kinder

Deine Kinder sind ein Teil von dir und doch gehören sie dir nicht.
Sie gehören dir zwar nicht, doch geben sie dir viel mehr als jeglicher
Besitz.
 – welcher Besitz liebt dich und kann schon den Tod überdauern?
Mit deinen Kindern aber kannst du eine Ewigkeit erleben, eine
ewige Zukunft dir dann bauen.

Meiner Tochter Miriam

(zum 16. Geburtstag)

Spontan, herzlich, arglos, treu, gelegentlich schelmisch, das ist ihre Art.
Mal ungestüm, wie ein Rennpferd, – kurz vor dem Start.
Mal zart, als säuselt in den Blättern der Wind,
so ist Sie, die Miriam, unser Mädchen, unser drittes Kind.

Blaugrüne Augen, wie das Meer nach schweren Stürmen im Herbst.
Blondes Haar, wellig und wogend, wie ein Kornfeld, bevor du seine
Früchte ererbst.
Ein ovales Gesicht, eine zarte Haut, dazu ein kirschroter Mund.
Ein junger Mensch voll Lebenskraft, quirlig und gesund.

Nicht auffällig, mit einem nicht zu langen Schritt.
Ausdauernd, sportlich, so hält Sie gut mit anderen mit.
Spricht Sie, ist es gut, dass man gründlich darüber denkt,
zu leicht man sich sonst in seiner eigenen Antwort verfängt.

Ihre Nähe belebt, macht froh, erhöht, inspiriert.
Mit Ihr, der Alltag sein schlichtes Grau schnell verliert.
In und an Ihr erkennt man, was der Schöpfer vollbracht,
als er den Menschen zur Krone der Schöpfung gemacht.

Gerhard Jobs

Braunschweig, d. 10. 06. 1990

Weihnachten

Weihnachten ist mehr als Lichter am Weihnachtsbaum.

Weihnachtszeit (2)

Wenn der Tannenbaum erst brennt, natürlich nur die Lichter.
Wenn der Kerzenschein den Raum erhellt, sind heller die Gesichter.

Freude zieht in jedes Herz und macht die Seele weit.
Vergessen ist manch' weher Schmerz, zur schönen Weihnachtszeit.

Nicht nur die Kinder erwarten froh der Gaben stille Macht,
bei manch Erwachs'nem ebenso, ist die Schenkensfreude nun erwacht.

Freundlich sein, 'mal Liebe zeigen und hier und da ' ne Kleinigkeit,
bringt Würze in dies' oft triste Leben, auch außerhalb der Weihnachtszeit.

Gerhard Jobs

Alltag

Wer den Sonntag heilighält, der kann den Alltag meistert.

Wer sich bemüht am Alltag seine Pflicht zu erfüllen,

der kann den Sonntag heilighalten

Kein Siegen und Verlieren

Die Stürme des Lebens fegen über mich dahin.
Das Zepter meiner Macht aber ist mir noch nicht entfallen.
Gelegentlich wird der Eispanzer meiner Seele dünn,
und ich fühle mich wie in großen mit Blumen geschmückten Hallen.

Fordert auch der Kampf im Alltag von mir Tribut,
Die Fähigkeit aber, frei zu entscheiden, bleibt mir noch unbenommen.
Ich frage mich, tu' ich denn recht und manches gut?
Hab' ich ein Stück der Leiter zu Edlerem bereits erklommen?

Ein guter Rat klingt in mir auf,
Verzehr dich, gib dich, verlier dich, – sei gut zu jedermann.
Wofür sparst du dich denn auf?
Was gibt es zu gewinnen, etwa alles – und, was dann?

Blick' in die Augen deiner Lieben.
So ist es hier, dort und drüben – oder anderswo.
Sind es Menschen, die sich lieben,
Gibt es kein Siegen und Verlieren, das ist immer so.

.

Gerhard Jobs

Braunschweig, d. 06.03.1991

Leben und Tod

Im Leben steckt der Tod. Im Tod steckt das Leben.

Jesus Christus gab durch seinen frei gewählten Tod

allem ein Leben – über den Tod hinaus.

Weihnachtliche Besinnung

Stürmisch pfeift der Wind um's Haus, Schneeflocken tanzen vor dem
Fenster.
Ich bin im Zimmer, schau' hinaus, es ist der 24. Dezember.

Im Glas des Fensters spiegelt sich des Baumes gelblich bunter Schein.
Noch immer stehe ich am Fenster, schau hinaus – und bin allein.

Jahre zurück erklang auch hier der Kinder liebes, helles Lachen.
Fort ist das alles, doch ich bin noch hier, mit einem anderen Erfassen.

Es ist viel stiller, ja fast leise – ich horche in mich selbst hinein.
Weihnachten, auf eine neue Weise, – sollte mehr da doch noch sein?

Es gibt ihn, doch, ich bin ganz sicher, von dem man sich zum Fest erzählt.
Er kam, um alle zu beschenken, – darum hat er den Tod gewählt.

Er gab uns Vergebung, Erlösung und Errettung, – den Nächsten lieben,
das ist unser Teil.
Ja, er lebt, er ist vom Tod erstanden, – zu unser aller Seelenheil.

Noch immer bin ich hier allein, doch ist mein Herz mit Dank erfüllt.
Ich denk', lad' jemanden doch mal ein, sodass auch er sich glücklich fühlt.
Vielleicht soll ich sein „Nächster" sein!

Gerhard Jobs

Braunschweig, d. 06. 03. 1991

Die eigene Entfaltung

Wenn du Größeres als du bist, nicht zulässt,

bist du mit deiner Entwicklung am Ende.

Es gibt ihn, – den Schöpfer

Es gibt ihn, den Schöpfer, wer kann es erfassen?
Nicht die Menge, die stumpfen Massen.
Wer denkt schon, verlässt den ausgetretenen Pfad?
Hat nicht nur die alltägliche Meinung parat.

Was ist erlaubt? Was kann man belassen?
Nur das, was die fünf Sinne erfassen?
Wie arm bist du Mensch, wie öd' und leer,
als gäb' es nur dich und sonst nichts mehr.

Wach auf, sieh, was der Schöpfer vollbracht;
oder wird alles von selbst, der Tag und die Nacht?
Wo ist ein Raum ohne Gesetz?
Alles nur Zufall? Etwas von sich selbst aus in Bewegung versetzt?

Frag dich, fühle in dich hinein,
so erkennst du, da muss doch etwas Höheres noch sein.
Du bist dir nicht sicher, – doch er ist da.
Nachdenken, beten, – fühl dich ihm nah.

Nach und nach wird's deinem Herzen ganz klar,
es gibt ihn, tatsächlich, jetzt weißt du's, doch, es ist wahr.
Deine Schritte, du nun ganz anders lenkst,
dein Handeln, du nun ganz anders bedenkst.

Das Leben macht Sinn, der Mitmensch hat Wert,
dein Herz jetzt nicht mehr das Nied're begehrt.
Du hast Gott und Christus, als Rettung und Erlösung erkannt,
Gott gab dir Heimat, ewiges Leben und hat dir noch mehr genannt.

Es gibt ihn, den Schöpfer, auch du konntest erfassen.
Du, – gelöst jetzt von der Menge, den stumpfen Massen,
denkst christlich, wandelst auf gerechterem Pfad!
Nun liebe den Nächsten und halt' auch für ihn, die göttliche Botschaft
parat.

Gerhard Jobs

Braunschweig, d. 13/14. 06.1995

Von der wahren „Größe" eines Menschen

Wenn du glaubst „kleiner" zu sein als andere, hast du deine
                              „Größe" noch nicht erkannt.
Wenn du glaubst „größer" zu sein als andere,
                  hast du nicht erkannt, wie „klein" du bist.
—   denn alle sind wir Kinder Gottes von gleichem Wert
              und nur er weiß um die wahre Größe eines jeden.

Miriam geht auf Mission

Mein Kleinstes, nun gehst auch Du hinaus,
als letzte, in ein fremdes Land,
zu Menschen dort, ohne jeglichen Applaus,
die ohne Ziel, den Lebenssinn noch nicht erkannt.

Dein Ziel ist gut, Dein Wunsch gerecht,
d'rum hab' nur Mut, es wird schon geh'n,
die Botschaft stark, Dein Glaube recht,
Gott ist mit Dir, Du wirst es seh'n.

Gib denen, die hungern, doch die Speise nicht kennen,
Schutz und Geborgenheit suchen, doch vom Irrweg nicht lassen,
den Plan der Erlösung, sodass auch sie Gott ihren Herrn nennen,
ihre ewige Heimat begreifen und den wahren Sinn des Lebens
erfassen.

Du bist stark, kommst aus gutem Hause,
bist ehrlich, fleißig und hast einen Blick für das Gute im Leben,
arbeite hart, lass nur kurz sein die Pause,
liebe die Menschen, mach' ihnen Mut, so kannst Du Göttliches ihnen
geben.

Ist die schöne Zeit vorbei,
musst von vielen Freunden Du lassen,
ein neuer Lebensabschnitt eilt herbei,
das Glück zu leben, Du darfst es erfassen.

Der Segen Gottes wird Dich begleiten,
drum bleibe treu, dem Herrn ergeben,
er gibt Dir Schutz und wird Dich leiten,
bei all Deinem Tun, auf all Deinen Wegen.

Gerhard Jobs
Braunschweig, d. 13.06.95

Bücher und Wissen

Wer lesen kann und liest, gewinnt viel.
Wer lesen kann und nicht liest, dem bleibt vieles verborgen.
Wir leben nicht nur miteinander, sondern auch voneinander.
Wo würde die Menschheit sein, wenn sich keiner dem Anderen mitteilen würde?
Wenn jeder seine Erfahrungen und sein Wissen mit in's Grab nehmen würde?

Herbst und Bücher

Der Wind weht stärker, Kastanien fallen von den Bäumen.
Man schließt die Fenster, dunkler ist es in den Räumen.
Der Lehnstuhl wird an das Regal voller Bücher nun gestellt.
Denn bist du tief bedrückt, flieh einfach in die heile Bücherwelt.

Mal geht es um Liebe, mal profan ums liebe Geld,
auch von Mut und starken Charakteren wird darin oft erzählt.
Ist was für dich dabei? Etwas, was sogar dir viel bedeutet?
Nur Mut, denn eine gute Zeit ist nun eingeläutet.

Aus guten Büchern holt man Kraft, man erfährt, wie es anderen ergeht.
Hat der Tag dich wiedermal geschafft, lies gute Zeilen, sodass das
Quälende verweht.
Bist du vielleicht selbst schon in den „Herbst" gekommen,
lies gute Bücher, das sag ich dir frei und unbenommen.

Der Lebenswind weht stärker? Zerfallen ist viel von deinen Träumen?
Öffne „deine Fenster", heller wird's in „deinen Räumen".
Dann bist du nicht mehr tief bedrückt.
Dich trägt nun die „heile Bücherwelt" – sie hat dich jetzt verzückt.

Fehlt es dir an Liebe? Fehlt es dir an Geld?
Auch an Mut? Am starken Charakter für diese Welt?
Für dich ist sicher etwas mit dabei! Etwas, – was „nur für dich" erzählt!
Bedenke, auch dich hat der Schöpfer für Höheres erwählt.

Gerhard Jobs

Braunschweig, d. 1 Oktober 1998

Reichtum

Reich ist, wer erkennt, dass er „reich" ist, ohne reich zu sein.

Das Leben ist voller Turbulenzen

Das Leben ist voller Turbulenzen, es ist ein stetes Auf und Ab.
Das „Reichsein" hält sich stets in Grenzen, meistens ist alles
viel zu knapp.

Gern hätte man doch etwas mehr, von dem „Glück" erhalten.
Dann könnte man doch etwas eher, sich seine Wunschwelt selbst
gestalten.

Jeder hat nun dieses „Hoffen", hätte gern ein großes Teil.
Doch sei er bitte nicht betroffen, weil auch der And're sucht sein Heil.

Da ist man einer nun von vielen, – und alle wünschen sich das Beste.
Ein jeder mit seinen eigenen Gefühlen, – und keiner möchte nur die
Reste.

Was hat denn wirklich Wert? Was braucht man eigentlich denn schon?
Man achte auf das, was man begehrt, – desgleichen wird er sein, dein
Lohn.

Mach dir keine großen Sorgen, über die Dinge dieser Welt.
Denk an das künft'ge Morgen, es gibt noch mehr als Ehre, Gut und Geld.

Das Leben ist voller Turbulenzen, es ist ein stetes Auf und Ab.
Der Segen Gottes kennt keine Grenzen, er gibt allen reichlich
– und auch dir nicht zu knapp.

Gerhard Jobs

Heiraten

– ist verbunden mit der Hoffnung zweier Menschen
 auf ein ewiges Glücklichsein.
Doch diese Verbindung hält nur solange, wie sie einander
umwerben und nichts zwischen sich kommen lassen,
was ihnen wertvoller ist als ihr Ehepartner.

Miriam und Christian heiraten

Wo sind die Jahre nur geblieben,
Sie war doch gerade erst noch Kind.
Ich fühle Sie immer noch in meinen Armen liegen.
Und doch wusste ich, dass Sie mir stetig nun entrinnt.

Nun ist es geschehen, sie hat sich in Christian verliebt.
Auch er ist ihr nicht weniger verfallen.
Keine dunkle Wolke ihr junges Glück betrübt.
Sie schweben, als seien sie die glücklichsten Menschen von allen.

Wie es geschieht, das vermag keiner so recht verstehen.
Weil es wohl nur in der Hand des Allmächtigen liegt.
Doch deutlich kann man die Zuneigung, die Liebe sehen,
die beide für immer und ewig zusammen hat gefügt.

Christian und Miriam sind füreinander bestimmt!
Das wissen sie selbst viel besser, viel besser als ich.
Kraft des Priestertums, die Ewigkeit Gestalt nun annimmt,
denn sie bauen ein Reich, eine eigene Welt, – eigens allein für sich.

Miriams Kinderschuhe, die Ersten, die Kleinen, halte ich in meiner Hand.
Ich sehe Miriam vor mir, den Kopf an Christians Schulter zart gelegt.
Spielte Sie nicht gerade erst noch im weißen, von der Sonne erwärmten
Sand?
Nun schon, Ihr Herz für Christian, Ihren ewigen Partner unaufhörlich
schlägt.

Was bleibt mir zu sagen, zu wünschen, zu hoffen!
Ich schaue hin zu dem so schönen, so jungen Paar.
Ich sage "Gott segne Euch, habt Mut, die Welt liegt vor Euch,
– ganz offen".
Und bin mir bewusst, dass in der Freude, der Abschied schon
eingebettet war.

Gerhard Jobs

Braunschweig, d. 19/20.07.99 / 28.07.2010

Erziehung der Kinder tut not

Kinder sind und gestalten unsere potentielle Zukunft.

—   und wie sie sich zeigen wird,

bestimmen wir durch die Erziehung unserer Kinder mit.

Jonathan

Jonathan, Du bist noch so klein, so zart und so zerbrechlich,
doch schaut man Dich an, so vollkommen, – so rein,
so ahnt man, der Schöpfer ist wirklich allmächtig.

Neues Leben hat er durch Dich auf die Erde gesandt,
hinein in diesen alltäglichen Kampf; – sich damit erneut an uns Menschen gewandt,
 – und haben wir das neue Leben als Zeichen der Hoffnung für uns erkannt?

Denn neues Leben bringt Entwicklung, Zukunft und auch Fortbestand,
es lässt uns im Lebenskampf zielstrebiger, ja mutiger sein und öffnet für vieles die Tür.
Bedenke Jonathan, doch, bedenken auch wir, ein reines Leben ist der Preis dafür.

Für uns, die wir größer sind, was bedeutet uns nun so ein kleines Kind?
Ja, noch ist es klein, doch wozu kann es sich entfalten?
Kann es nicht vielleicht sogar unsere Zukunft in seinen kleinen Händen halten?

Brachte uns nicht ein Kind, –   Hoffnung, Zuversicht, – die Zukunft,
                                  – ja, die Chance eines ewigen Lebens?
Achten wir doch alle, das uns von Gott gegebene Leben!
                                  – erst dann hoffen wir nicht vergebens.

Gerhard Jobs

Braunschweig, d. 19 .11. 2003 / 30.04.2004

Glaube

Der Glaube bewirkt das Besiegen der Ungewissheit und der
Unsicherheit, – und dies dank der Hoffnung,
 – die letztlich uns die Ausdauer gibt, sodass unser Glaube
zunehmen kann, bis dieser uns zur Gewissheit führt.

… ein verheißener Ort, ein ganz besonderes Haus!

Herr, wo wohnst du auf der Erde? Wo wirkest du mit deiner Kraft?
Wo lässt du Ewiges entstehen? Was überdauert des Todes dunkle Nacht?
Wo lässt du wirken, auf dass das Ewige nun werde,
gesiegelt, durch die deiner berufenen Diener anvertraute Macht.

Wer dich erkannt der weiß, du selbst hast diesen verheißenen Ort gegeben,
ein ganz besonderes Haus.
Erhabener und schöner, weil mehr, als nur von Menschenhand erbaut,
sodass der, der dort hineingeht, nun viel edler kommt hinaus.
Dort geschieht, was Menschen zu ewigen Familien bindet.
Was ihnen Kraft gibt, sodass man das Alltägliche gut überwindet.

Dort heißt es nicht, bis dass der Tod euch scheidet,
Die Ehe, ja die Familie hat ewigen Bestand,
 – nichts also die Zukunft euch verleidet.
Dort erhält der Mensch Kraft direkt aus der Höhe,
sodass den Weg man findet, zu Gottes ew´ger Nähe.

Dies ist das besondere Geschenk des Sohnes Gottes, an seines Vaters
Kinder.
Und oft wird erst nach dem Tode der tiefe Sinn und Wert erkannt.
Sei du ein Freund, Helfer, Mitmensch und möglichst gar kein Sünder,
so wird dein Name bei denen, die bei Gott sind, dann genannt.

Gerhard Jobs

Friedrichsdorf, d. 12.02.2004

Nach vorne schauen . . .

Nach vorne schauen ist mehr als nur „nach vorne schauen".

Ute

(ein Dankeschön an Dich, zu Deinem 60. Geburtstag, am 04.04.2004)

Sechzig Jahre hast Du treu gedient,
vielen Menschen die Lasten sehr erleichtert.
Viele Stunden Dich gemüht,
vielen Menschen das Leben damit erheblich bereichert.

Ja liebe Ute, Du treue Seele,
bald bist auch Du frei von der beruflichen Arbeitslast,
auf dass kein Berufsstress Dich weiterhin mehr quäle,
so schreite nun vorwärts im sich Besinnen und dies ohne jede Hast.

Blick auch weiter auf den Menschen in Deiner Nähe,
wie Du es wünschst und es sehr oft schon hast getan,
sodass ein jeder den wahren Wert des Lebens sehe,
so führst Du sie sicher auf die gute Lebensbahn.

Ja, es ist eine große Freude, für andere stets da zu sein;
darüber hinaus auch ein Gebot unseres allmächtigen Herrn.
Täten es alle, so wäre letztlich keiner mehr traurig und auch nicht allein,
und man liebte einander und hätte den anderen wirklich sehr gern.

Liebe Ute, danke für Deine große Liebe,
die Du so oft auch uns hast vorbehaltlos gezeigt;
so wünschen auch wir Dir, dass nichts Dich jemals mehr betrübe,
und dass Gottes Segen für immer Dir sei täglich zugeneigt.

Gerhard Jobs

Friedrichsdorf, d. 25.03.2004

Gut ist . . .

„Gut" ist für dich, was dich am Ende nicht „bitter" sein lässt.
„Bitter" ist für dich, wenn es am Ende nicht „gut" für dich war.

Du (Mensch) und die Schöpfung

Uns umgibt eine wirklich schöne Welt,
oder ist die Schöpfung denn nicht schön?
Doch oft regiert uns nur das Profane, dass zu Menschliche in dieser Welt
und wir können die Schöpfung in ihrer Erhabenheit nicht so recht mehr seh´n.

Und geh´n wir durch die Natur, so wird sie von uns in ihrer Schönheit nicht
erkannt,
zu oft kreisen unsere Gedanken um Selbstherrlichkeit, Macht oder das uns so
liebe Geld.
Welch´ Ruhe dagegen schenken uns doch Berge, der Wald oder das schöne
Heideland;
und der Kluge genießt die Ruhe von dieser so stürmischen,   – ja ruhelosen
Welt.

Die Macht der Wellen und der Blumen reiche Farbenpracht,
der Duft der Rose, der jungen Füchse wildes Spiel,
der Wind, die Helligkeit des Tages und die Ruhe der dunklen Nacht,
all das, bedeutet uns das denn wirklich nicht mehr viel?

Leg´ dich ins Gras und genieße die Sonne, ihre wärmenden Strahlen,
lass dir vom Regen benetzen dein ganzes Gesicht.
Was bedeuten uns dann noch Kurven und oder Zahlen!?
Zu spät wird erkannt, was wirklich im Leben hat das rechte Gewicht.

Erkennst du die Kraft, die der Schöpfer durch die Natur dir gibt?
Wann geht dein Schaffen mit dem Erschaffenen Hand in Hand?
Wann erkennst du, dass er, der Schöpfer dich wirklich liebt?
Das du ein Wanderer bist in einem dir fremden Land?

Oft machst du dir Sorgen und wartest auf eine tröstende Kunde.
Was mag er bloß denken, er, der Schöpfer, der alles so herrlich erdacht?
Wohl wissend, was uns sorgt und was wir brauchen zu jeder Stunde.
Für uns, die es nicht achten, für uns, hat der all dies gemacht.

Gerhard Jobs

Friedrichsdorf , d. 26.03.2004

Frieden

Frieden entsteht, wenn ich andere Menschen in mein „Herz"
schauen lasse.
Verschlossen sein macht mich für andere Menschen, nicht
einschätzbar, unheimlich, gar gefährlich.

Freiheit

Frei sein will ich, keiner erdreiste sich mir zu befehlen.
Wehren werd´ ich mich, mit Macht, das kann ich nicht verhehlen.

Ich hab´ ein Recht auf das Gestalten und Tun in meinem Leben.
Wer will mir nehmen, was ich wünsche machtvoll zu erstreben?

Ich schaue vorwärts, gehe zielgerichtet vor.
Ich singe nicht die Lieder gesungen von der Masse Chor.

– und doch?

Freiheit, find´ ich sie nur für mich allein?
Kann nicht auch in der Masse Freiheit sein?

Wenn jeder nur seine eigene Freiheit will,
stehen dann nicht bald „alle Räder still“?

Wenn du den Nächsten wirklich liebst,
bist du nur frei, wenn du sie auch dem Nächsten gibst.

Meine Freiheit sollte auch für den Anderen Freiheit sein;
wenn nicht, wird Neid, Machtgelüst und Egoismus uns entzwei´n.

Wirklich frei sein kann, wer Edles verehrt, wer wirklich das Gute liebt,
weil dann keine Last seine Seel´ in keinster Weise mehr betrübt.

Ja, „Freiheit ist der Zweck des Zwanges ", darum ordne ich mich ein.
Weil ich liebe, soll ein jeder, mal der Genießer seiner Freiheit sein.

Gerhard Jobs

Friedrichsdorf, d. 29.04. 2004

Die Bedeutung von Erinnerungen

Erinnerungen können Dich erfreuen doch auch ängstigen,
je nachdem, wie Du gelebt hast.
Immer holt uns die Vergangenheit wieder ein.

„Der Herr Kommerzienrat"

Alle Gäste sind in bestem Staat und pünktlich, dem Anlass entsprechend
nun erschienen.
Jeder war sich der Ehre eingeladen zu sein auch stets, ja immer recht
bewusst.
80 Jahre ist der Herr Kommerzienrat nun schon hienieden,
ein zu stilles, oder gar nur biederes Leben, hat der Herr Kommerzienrat zu
leben nicht gemusst.

In seinem Denken und Handeln gerade und doch verrät sein
gelegentliches verschmitztes Lächeln,
dass er in seinem Geradsein nie und nimmer stur geworden ist.
Bei Frauenrunden, zum Beispiel im Café, wo sie die Bekanntschaft hinter
vorgehaltener Hand allzu gern durchhecheln,
wird sein Name leise, mit Respekt genannt, – sodass keiner ihn vergisst.

Da steht er nun, aufrecht und blickt jeden Gratulanten durchdringend und
doch gültig an.
Sie reichen ihm die Hand, sagen ihm die meist üblichen
Glückwunschworte.
Menschen, die Teil seines Lebens waren, ob nun Frau oder Mann.
Hier ist es, ein guter Freund, dort ein Kollege der nicht ganz loyalen Sorte.

Jetzt steht vor ihm sein Chef, der Herr Minister für Wirtschaft und das
Innere, also sein Vorgesetzter, ihm gegenüber.
Auch ihn blickt er in der ihm eigenen Art durchdringend und doch gütig an.
Jeder weiß, um den Wert des Anderen und viel bedeuten ihm die Worte,
"…. ich wünsche dir von ganzem Herzen mein Lieber . . ."
Ja, man schätzte sich, hält fast Freundschaft, regelte viele Aufgaben so
still, von Mann zu Mann.

Nicht alles kann man allen sagen, oft musste man schon verschwiegen
sein.
Da ist es gut, erneut in sich zu gehn´ und plötzlich kommt dann ein
wirkliches Erkennen,
auch wenn man meint – in vielen Entscheidungen sei man ohne Rat und
Hilfe, auf sich gestellt und sehr allein.
Woher kam bloß plötzlich die Erkenntnis, das Wissen, so muss es sein,
so kann ich es benennen.

Sind es Erfahrungen die ich mit neuem Wissen hab verbunden?
Oder wurde ich durch Gespräche mit Freunden, Kollegen oder durch
„Fremdeinwirkung" auf den rechten Weg geführt?
Vielleicht werde ich es auf der Erde nie ergründen, doch habe ich
seltsamerweise immer den Weg aus dem „Dunkel" dann gefunden.
Oder gibt es mehr als der Mensch erahnt? Werden wir doch von
Göttlichem gelegentlich irgendwie berührt?

Dann kam sie, – sie ist eigentlich immer noch sehr schön, ihre Hände
immer noch so zart.
Mehr als 50 Jahre ist es her, damals am Ostseestrand!
Genau wie beim ersten Mal sich seh´n – und wie angenehm, wie schön,
ist doch noch immer ihre so liebliche Art.
Ihr eher scheuer Blick, er hielt dem seinen nur einen Augenblick lang
stand.

Ein zartes Lächeln konnte man bei ihm erahnen,
von der vielen schönen Stunden Kraft auf sein Gesicht gemalt.
Als wollte uns das „Schöne", das „Positive" mahnen,
sei nie negativ, kein Griesgram, – man sonst dafür bezahlt.

80 Jahre ist schon eine lange Zeit,
gefüllt mit dem üblichen Auf und Ab des Lebens
Stellt man etliches von ihr für den Nächsten gern bereit,
sucht man inneres Glück und auch Freunde nicht vergebens.

Dass man ihn achtet, kam nicht seiner Stellung wegen.
Die Art wie er lebte, was er in dem Anderen sah,
ließ einander gut verstehen, Gefühle der Freundschaft sich in einem
regen,
und brachte die Herzen einander wirklich nah.

Nun ließ man sich zu Tische nieder,
dem Gaumenschmaus sich keiner wohl entzog.
Er dankte bei seiner kleinen Rede immer wieder,
kein Wölkchen den Himmel der Feierlichkeit bezog.

Das Leben ist sehr kostbar, sagte er mit einem leichten Unterton.
Es gibt dir Zeit, Gelegenheit, Herausforderungen, lässt Grenzen dich
erkennen.
Dein eigener Fleiß, deine tiefe Hingabe, dein wirklich Wollen, so meinst
du, es bringt dir deinen Lohn.
Vergiss nicht: " - wer gibt dir Kraft, erleuchtet dir den Verstand. Wer lässt
dich von der Sonne Hitze nicht verbrennen?!

Es war schon spät, die Gäste schon gegangen.
Er war noch in Gedanken, während fleißige Hände die Reste gut
entsorgten.
Das Erlebte, das Schöne dieser Feier nahm ihn noch irgendwie gefangen,
Mehrheitlich waren gute Menschen zu Ihm gekommen, wovon einige sich
auch um ihn sorgten.

Was hat ihn eigentlich so liebevoll gemacht, was ließ ihn so eine
Persönlichkeit nun werden?
Die Fürsorge seiner Eltern, gute Freunde, die Herzenswärme seiner
liebsten Menschen, die er so sehr verehrte.
Arbeit und Fleiß, das Anerkennen eines Schöpfers und Mächtigen vieler
Erden.
Nächstenliebe, das rechte Nutzen der freien Entscheidung, das Erkennen
der ewig guten Werte!?

Ist es nicht erstaunlich und doch auch etwas seltsam,
was das „Leben" so aus einem Menschen macht.
Das jeder Alltagskampf, jedes sich überwinden, – und das nicht nur
behutsam, uns veredelt, uns erhöht.
Das ist wohl vom großen Schöpfer auch so gedacht.

Was soll nun mit ihm geschehen? Ihn in ein Grab versenkt für immer?
Dies, nach so einem "geworden sein", nach so einem Erheben der Seele
zu großem Wert!
Es sei dir versichert, du bekommst den Lohn für dein Bemühen. Behalte
dir darum deinen Hoffnungsschimmer.
Denn dies ist gewiss, jedes Gute trägt auch guten Lohn und hilft dir, wenn
eines Tages man deine guten Taten zählt und man dich dann zum Freund
begehrt und dies für immer.

Gerhard Jobs

Friedrichsdorf, d. 22.06.2004

Herkunft und Wurzeln

Wer seine Wurzeln verleugnet und seine Herkunft vergisst,
der nimmt sich die Grundlage für seine Zukunft.

Deine Ahnen und Du!

Woher kommst du? Welche Wurzeln verleihen dir deine Kraft?
Wer hat dein Erbgut dir gebaut? Wer dir so viel Fähigkeit vermacht?
Die Erfahrung vieler Generationen in deinen Adern fließt.
Aus dir das Erhabene, Erkämpfte vieler Generationen nun zutage
sprießt.

Du erkennst, dass vielleicht sogar das Blut aus anderen Nationen sich in
dir befindet.
Jetzt ahnst du, dass die Menschheit letztlich zu einer großen Ahnenkette
sich verbindet.
Verstehe deinen rechten Platz in dieser ew´gen Kette.
Sodass jeder Einzelne Gutes tue in seinem Volke und somit den Frieden
der Nationen rette.

Siehst du, welchen Wert du hast!
Pass auf, dass du deine große Chance nicht verpasst.
Sieh in das Blau, Braun, Schwarz oder Grau deiner Augen,
erkenne darin die vielen vor dir und nach dir, – für sie sollst du etwas
taugen.

Erkenne deinen Platz in allem, du ein Glied der ew´gen Kette,
    – bitte lass sie nicht zerreißen, sodass noch viele andere sie errette!

Gerhard Jobs

Friedrichsdorf, d. 22.06. 2004

. . . . alles in Unruhe!?

Teil I

Schön ist die Erde, auf der wir leben,
eine Fülle hält sie für uns bereit.
Gerne will sie diese uns auch geben,
und dieses ständig, ja zu fast jeder Zeit.

Uns zu beschenken, das ist der Erde Ziel.
Denk an der Pflanzen Schönheit,
der Tiere schönes, wildes Spiel,
und an ihren Reichtum weit und breit.

Der Nutznießer Mensch wie dankt er ihr dafür?
Was bekommt sie von ihm als Lohn?
Wie pflegt er sie, wie geht er um mit ihr?
Müllberge, „sauren Regen", Abgase, aus fast jeglicher Region.

. . . . alles in Unruhe!?

Teil II

Der Mensch auf dieser Erde, in eine Gemeinschaft hineingeboren,
sucht oft nur sein eig´nes Glück.
Sollte er nicht begreifen, dass er allein verloren,
denn Erfolg, Friede, Zukunft für uns alle, entsteht durch Gemeinsinn und
Geschick.

Und doch – wohin ich blicke, es ist Krieg.
Krieg in Ländern, Krieg in Familien,
Krieg in Firmen, Krieg in Parteien,   – Krieg ist selbst in mir!

Und vieler Orts, wovon ich höre, wohin ich blicke –
Da dröhnt das Rasseln von Panzerketten durch die klare Nacht.
Und Geschosse eilen zur Vernichtung durch der Blüten mildem Duft.
Einer mit Glauben und Hoffnung im Herzen sprengt sich samt seinen
Mitmenschen in die laue Sommerluft.

Das hasserfüllte Klagen wird nur von dem Gewimmer der Verletzten
gelegentlich verdrängt.
Dann wird schon einmal wieder ein Entführter zur Rettung der angeblichen
Gerechtigkeit erhängt.
Was sind das bloß für Menschen hier auf dieser Welt! O, Menschheit wie
tief bist du gesunken!

Welches Niveau hast du betreten. Hilft denn wirklich nur noch beten?
Du, Mensch, guter Gedanken fähig, – große Werke entstanden durch deiner
Hände Kraft und Macht.
Geh´ in dich, raff dich, ergebe dich nicht dieser vermeintlich unüberwindlich
dunklen Nacht.

Besinn dich wieder deiner eignen Kraft und Stärke.
Sei mit dir selbst, mit deinem eig´nen „Ich“ in Frieden.
Erinnere dich, durch gute Tugenden entstehen gute Werke.
Mit Selbstdisziplin, Vergebungsbereitschaft, Nächstenliebe und
Gottvertrauen, gibst du dem Bösen keinen Raum hienieden.

Erkenne die Not des Anderen, lindere sie, sodass euch vielleicht sogar
Freundschaft ist vergönnt.
Und lass dir Raum für Inspiration, für Führung und Leitung, gegeben durch
ihn, den Herrn aller Herr´n.
Ergreife die Hand des Anderen, sodass ihr beide zusammen euch erheben
könnt.
Wirklich, dann wird wieder vieles anders, – und man lebt auf dieser Erde
wieder gern.

Gerhard Jobs

Friedrichsdorf, d. 21.08.2004

Vertrauen

Keiner hat größeres Vertrauen als Gott.
Würde er uns sonst seine Kinder anvertrauen?!
– bei all dem was wir an ihnen bewirken können.

Lea und Carina

Lea und Carina einfach wunderbar, herrlich dieses süße Zwillingspaar.
Wenn man beide anschaut, wird einem recht bald klar,
dass jede wohl schon vor der Erdenzeit etwas Besonderes war.

Carina, etwas scheu, sie wartet ab, dann plötzlich wird sie keck.
Lea, sie geht recht mutig vor, bekommt aber dann über ihren eigenen Mut
einen Schreck.
Beide erfüllen so auf ihre eigene Art, jeweils ihren Lebenszweck.

Jede hat entsprechend ihrem eigenen Wesen eine große Menge
Mitgefühl,
die eine mehr spontan und schnell, die andere mehr überlegend und
beharrlich, – so hat jede ihren eigenen Stil.
Und bestimmt erreichen somit beide gut ihr Lebensziel.

Unterschiede können belebend und inspirierend sein.
Somit lädt jede mit ihrer eigenen Art, die Andere zum sich entwickeln ein.
Nur wer begrenzt, hält sich und Andere letztlich klein.

Glückwunsch Euch Eltern, zu diesem herrlichen und liebenswerten
Zwillingspaar
Behütet sie gut, aber gebt ihnen auch viel Lebensraum, – das ist Euch
doch wohl klar,
Darum erblickten Lea und Carina zusammen in dieser Familie ihr
Lebenslicht   – wohl wahr!

Gerhard Jobs

Friedrichsdorf, d. 21.11. 2004

Nachsatz:
Der Herr hat die Talente an seinen Kindern gut gestreut gegeben, sodass
jeder letztlich auch seinen Mitmenschen braucht,
                                        – für das eigene Leben.

Sich erheben

Alles was dich bewegt dich über deinen Nächsten zu erheben,
ist gut, wenn du ihn durch den gewonnenen Unterschied
ebenfalls erhebst.
Wenn nicht, zieht es dich weit unter ihn hinab.

Nationalismus(s), Fanatismus(s), Patriotismus(s)
(Das Führen und das Regieren)

Wie oft hat man auf Fahnen schon geschaut!
Den Worten „alles für das Vaterland " vertraut!
Wie oft wurde mit den Worten wie "Heimat oder Heimaterde " an die
hehren Gefühle appelliert.
Wie oft hatte man damit ganze Völker schon in die Irre dann geführt.

Wohin will man dich lenken mit Eiden und mit Schwüren?!
Wozu mit Appellen und Durchhalteparolen motivieren?!
Mittels Werbung und aller Medien Kraft dich manipulieren,
damit man dich in eine dir unerwünschte Ecke dann kann positionieren?!

Und doch ist es gut sein Heimatland zu lieben.
Durch sein Verhalten den Anderen nicht zu betrüben.
Sich zu verpflichten und durch gute Taten auch seinen Mitmenschen zu
motivieren. Mittels Medien einander umfassend zu informieren.

Sei zurückhaltend, etwas mehr reserviert,
sodass man die Übersicht nicht so schnell verliert.
Überlege gut, wohin will man dich letztlich führen.
Sieh dir die „Verkünder" genauer an, zu viel „Böses" könnte dir passieren.

Wo ist ein Maßstab? Was ist richtig? Gibt es absolute Werte?
Wie vermeide ich es zu gelangen auf die falsche Fährte?
Hier etwas Rat: Wie geht er mit seinen Eltern um?
Bleibt sein Gewissen aufgrund des „Koalitionszwanges" stumm?

Sind ihm die alten Menschen etwas wert?
Wird sein Ehepartner von ihm geehrt?
Lässt von Gottes Wort er sich leiten?
Zügelt er seinen Zorn beizeiten?

Ist er von Abhängigkeiten, Genusssucht und von Schulden frei?
Ist ihm das Schicksal anderer Mitbürger nicht mehr einerlei?
Ist er seinem Partner treu und weiß seine Familie gut zu führen.
Von so einem Menschen, der dies beherzigt, – lass dich regieren.

Gerhard Jobs

Friedrichsdorf, d. 27.11.04

Natur

Wer die Natur liebt und ihren Einfluss verspürt hat, hat seine Seele
entdeckt und er ahnt ihren ewigen Bestand
                    – und Ewiges bedarf einer ewigen Kraft.
Gott ist ewig, allmächtig und unendlich gütig,
                    – darum hat er all dies für seine Kinder erschaffen.

Natur (II)

Wenn du vorbei gehst und nicht verweilst, zu oft zu Minderem du eilst.
Wenn dein Blick die Schönheit der Natur noch nicht erfasst,
steckst du noch zu tief in des Lebens ermüdend wilder Hast,
       – und sicher hast du das Schöne im Leben dann verpasst.

Gerhard Jobs

Friedrichsdorf , d. 29.12.2004

Nachsatz:
Das „Schöpferische" findest du im Nachdenken, im Verweilen,
im Gespräch mit Menschen und mit deinem Herrn und Gott.
Im Beobachten dessen, was dich umgibt und im Erforschen
des eigenen Inneren.

Natur, Kraft und Gesetze

Die Kraft der Natur scheint dem Menschen grenzenlos, doch sie sagt sich nie von den Gesetzen und ihren Grenzen los.

Die Erde l(b)ebt!

Sie spuckt Feuer, Schwefeldämpfe steigen auf.
Sie bebt, Wasserwogen türmt hoch sie auf.
Spannungskräfte entladen sich mit jähem Ruck.
Die Elemente toben, als seien sie zornig, als ständen sie unter einem
zum Handeln verpflichtend hohem Druck.

Selbst Unwissende könnten meinen, sie hat eine Seele, sie lebt,
es ist, als ob sie etwas begehrt,
– dass sie sich gegen ihre Bewohner, ihre Bedränger, ja Peiniger einfach
vehement nur wehrt.
Ja, auch die Erde wurde erschaffen und sie erfüllt den ihr zugedachten Zweck.
Erschaffen wurden auch ihre Bewohner, doch die meisten sind von dem ihnen
Zugedachten recht weit, ja zu weit weg.

Wenn alles eine Seele hat, eine von unserem Schöpfer erhaltende Belebung
 in sich trägt,
dann kann das Erschaffene erkennen, empfinden und bewerten, sodass
als Reaktion sich wirklich viel bewegt.
Alles braucht Zuwendung, Liebe, viel Harmonie.
Ohne dies, erreichst du in und mit dem Erschaffenen,
den gewünschten Frieden nie.

Gerhard Jobs

Friedrichsdorf, d. 29.12.2004

Gott und Mensch

Wer sich gegen Gott erhebt, erhebt sich gegen sich selbst.
Wer sich gegen sich selbst erhebt, erhebt sich gegen Gott.
– denn du bist sein Geschöpf.

Der Herr, unser Gott, unser ewiger Vater

Ihm gehört alle Ehre, jeder Respekt,
jedes Knie wird sich beugen, jeder wird neigen sein Haupt.
Nichts bleibt ihm verborgen, nichts ist vor ihm verdeckt,
kein Schrei eines Kindes, kein gewisperter Laut, kein Mensch, der an ihn
geglaubt.

Er weiß alles, er hat alle Macht.
Die Freuden und Sorgen jeder Kreatur sind ihm bekannt.
Er durchdringt alles, die Tiefen des Meeres, selbst das Dunkle der Nacht.
Alles ist ihm gezählet, alles ist ihm genannt.

Das Universum ist sein, alles ist ihm erschaffen,
Das Vergangene, die Gegenwart, selbst die Zukunft, – sie sind ihm
gegenwärtig.
Nichts kann ihn begrenzen, nie wird sein starker Arm je erschlaffen.
Was er erschafft, das ist vollkommen, – was er macht wird immer fertig.

Er ist Elohim, Gott der Allmächtige, unser himmlischer Vater.
Und du?   – sein Kind darfst du sein.

Gerhard Jobs

Friedrichsdorf, d. 29.12.2004

Liebe und Tun

Was wir nicht lieben, das tun wir nicht.

Was wir nicht tun, das lieben wir nicht.

Thomas

Thomas, die Frucht unserer ersten Liebe. Thomas, unser Erstgeborener.
Voll Hoffnung, Bangen und Freude wurdest Du erwartet.
Du wurdest uns anvertraut, als ein Hoffnungsträger, als ein Auserkorener.

Deine Verheißungen sind groß.
Diese Verheißungen aber, die musst Du mit der Kraft des Herrn erlangen.
Nichts legt der Herrn uns nur so, einfach gratis in den Schoß.

Gib in allem, was Du tust, Deine ganze Kraft, dann brauchst Du, um Deine
Zukunft nicht zu bangen.
Setze stets den Herrn an die erste Stelle.
Erkenne, woher Deine Weisheit, Deine Erkenntnis, Dein Schutz Dir kommt,
– viel konntest Du schon empfangen.

Nutze also die für alle Weisheit größte Quelle.
Tue Du nur, was Du kannst, dann wird der Herr Dir den nötigten Rest stets
geben.
Denke daran, auch wenn Du es oft nicht bemerktes, war der Herrn stets Dir
zur Stelle.

Weihe Du Dich dem Herrn mit all Deiner Kraft,
dann bekommst Du mit deinen Lieben das Höchste, das der Herr hat zu
geben, – das „ewige Leben".
Und mehr als das, hat zu erreichen noch niemand geschafft.

Gerhard Jobs

Braunschweig, d. 13. 05. 2005

Keine Reife ohne Jahre,
keine guten Jahre ohne Reife!

Nur wer Entwicklung nimmt, dem sind die Jahre kostbar.

Alt werden und alt sein.

Teil 1

Ich schrei es hinaus, ich will es nicht werden, ich will es nicht sein;
und doch holt das Leben in seiner Unabänderlichkeit mich stets wieder
ein.
Man steht vor mir auf, fragt kann ich helfen. In Geschäften bietet man mir
nur biederes an.
Man sieht besorgte Blicke, als wollte man fragen, – ob er das noch kann.

Es stimmt schon, gelegentlich frage ich „wie war noch ihr Name".
Und oft kenne ich nicht das Produkt, trotz der skurrilen Reklame.
Beim Treppensteigen zu mir in die zweite Etage, bleibe ich schon
gelegentlich stehn.
Neulich habe doch schon wieder dieses eindeutige Hinweisschild glatt
übersehn.

Fragen wie, „wie war das doch damals", bringen mein Alter ins Spiel.
Sie berühren mich, wecken in mir Unruhe, bewirkten ein sonderbares
Gefühl.
Beim Rasieren schau´ ich genauer schon hin, zieh´ die Gesichtsfalten
öfter schon glatt.
Sagt doch eine Mutter, Kinder lauft mir den Opa nur nicht um, – da war
ich wirklich ganz platt.

Im Herzen fühl ich mich noch jung und schau der Jugend noch
gelegentlich nach.
Wie fährt vor mir nur der ältere Herr, nun gib doch mal Gas! - älterer Herr?
- Ach!
Du bist ja kaum jünger, bist ja auch schon so alt, fällt mit Schrecken mir
ein.
Ich schrei es hinaus, ich will es nicht werden, ich will es nicht sein.

Gerhard Jobs

Braunschweig, d. 9. 06.2005

Vom Schönsein

Wenn du als junger Mensch nicht so schön bist,
kannst du oft nichts dafür.
Wenn du als alter Mensch nicht schön bist,
hast du etwas falsch gemacht.

(Dein Lebenswandel prägt auch dein Äußeres)

Alt werden und alt sein.

Teil 2

Auch alt sein hat seinen Reiz, hat einen Sinn.
Viel steckt in mir, eine Menge Erfahrung, – ich lächelte still vor mich hin.
Auch das Große, die Veredelung, braucht seine Zeit.
Das Alter macht dich besonnener, offener, – sei zu Veränderungen
immer bereit.

Ich sehe die „Kämpfe" meiner Kinder, erlebe sie beim lösen Ihrer
Probleme, – schaue nachdenklich zu.
Ab und an einen Tipp, ich rate zur Besonnenheit, alles mit Abstand,
in Stille und Ruh.
Auch sie erleben den fast gleichen Kampf, den auch ich gekämpft.
Ich sehe das, lenke nur zart, – habe manche Erregung vorsichtig
gedämpft.

Beim Kreuzworträtseln bin ich überrascht, was ich immer noch weiß.
Man fragt mich um Rat, ich antworte intuitiv, wie auf ein höh´res Geheiß.
Aus der Schule des Lebens kann man vieles berichten;
und seien es nur die selbst erdachten „Gutenachtgeschichten".

Danke Herr, das ich alt kann werden.
Danke für die Erfahrungen hier auf Erden.
Es ist für mich, aber auch für Andere, in vieler Hinsicht ein großer
Segen.
Du hast uns bewusst auf diese Erde gesandt, – geschenkt dieses
Leben.

– ich schrei es hinaus, ich kann es werden, alt sein ist keine Strafe auf
Erden!

Gerhard Jobs

Braunschweig, d. 9. 06.2005

In der Geduld zeigst du deine wahre Größe.

Warten hilft dir, so klein zu werden, dass du durch die Tür passt,
die zum Großen führt.

. . . warten

Wann endlich wird das Wasser des Sees gefrieren?
Wann endlich werden deine Lippen die meinen zart berühren?

Mein Geburtstag ist erst in 14 Tagen!
Wie oft muss ich nach der Antwort dich noch fragen?

Nimmt denn dieses Treiben nie ein Ende?
Wann endlich kommt die ersehnte Wende?

Wann ändert sich endlich der Krankheit Verlauf?
Wie lange nehme ich diese Demütigungen noch in kauf?

Wie lange bleibst du noch fort?
Wann sprichst du endlich wieder einmal ein gütiges Wort?

Kann nicht endlich die Sonne mal wieder scheinen?
Wann ist zu Ende die Trauer, das Weinen?

Wann wird diese Blume nun endlich erblühen?
Kann sich das Gewitter denn nicht bald verziehen?

Mein Liebstes, wann darf ich in meinen Armen dich halten?
Herr, wenn du nicht bald kommst, wird meine Liebe noch in mir erkalten.

Wie oft stellt man sich solche Fragen,
wie oft ist man voll von „Bangen" und „Klagen".
– dazu möchte ich „Dir " heut´ etwas Besonderes sagen:

Auch das Warten ist ein Mittel das Dich erhöht,
– das den Charakter in Dir recht formt.
Erst durch Ausharren und Warten hat die wahre Liebe sich in Dir
gebildet.

Gerhard Jobs

Braunschweig, d. 5. 07. 2005

Was hat Gott sich dabei gedacht?

Warum lässt er kleine Kinder sterben?
Warum gibt es Kriege auf der Welt?
Wie ist es nun mit Gottes Liebe für seine Kinder dann bestellt?

Warum sind einige sehr reich?
Dem anderen das Nötigste gar fehlt?
Für Gott, das Schicksal des Einzelnen nicht zählt?

Krankheiten quälen Menschen,
Naturkatastrophen raffen Tausende dahin.
Hat an Gott zu glauben, ihn zu lieben, einen Sinn?

Ist unsere Sicht vielleicht zu kurz?
Was war bevor die Erde ward gegründet?
In welchem Zustand der Mensch nach dem Tode sich befindet?

Können wir hier schon alles übersehen?
Wie sieht es aus nach diesem Leben?
Und wenn dem Verstorbenen dann viel Besseres gegeben?

Sind wir frei von all dem, was hier geschieht?
Haben wir einen Teil des Unheils vielleicht sogar selbst verschuldet?
Hat Gott in seiner Langmut unser Übeltun zu lange nur geduldet?

Warum lässt Gott denn so viel zu?
Frag` ihn doch, du kannst doch beten?
Lies in den Schriften, die Worte der Propheten.

Versuchs doch, sprich mit ihm.
Vielleicht bist du dann befreit vom Dunkel deiner Nacht,
sodass du weißt, dass da mehr ist, als du zu glauben hast gedacht.

Außerdem, wer hindert dich denn Leid zu lindern,
dem Nächsten Gutes dann zu tun.?
Vielleicht bist du nun erleichtert und kannst viel sorgenfreier
                                    —   wieder ruh´n.

Schon viele fanden in ihren Leben,
beim Helfen anderer, ihren Gott und Herrn.
Formten ihren Charakter,   – und lebten wieder gern.

Fragst du nach dem Sinn des Lebens hier auf Erden?
Warum gibt es Gegensätze hier auf dieser Welt? Das Leid, die Freude,
 – sie wecken in dir Mitgefühl;
    – und somit erreichst du, nach Gottes Absicht hier auf Erden,
                        – doch noch dein so sehr ersehntes Ziel.

Gerhard Jobs

Braunschweig, d. 19. 07. 2005

Gott und Mutter

Gott und die Mütter,

       sind die Schöpfer neuen Lebens.

Die Mühen des Vaters sind oft kleiner,

       jedoch auch nicht vergebens.

Gott und Mutter

Welches sind die Worte, die in der Not am meisten sind geschrien?
Wohin will der Mensch in seiner größten Bedrängnis nun denn flieh´n?
Wer lässt auch dann noch in dir einen Garten der Hoffnung zart erblüh´n?

Wer nimmt dich bewusst und auch liebevoll an die Hand?
Wer hätte ohne Zögern sein Leben für das deine still gegeben?
Welche Zwei sind einander in ihren Neigungen und in ihrer Art zu lieben
am ehesten verwandt?
Wer hat je zärtlicher deinen Namen dir genannt?

Gerhard Jobs

Gottes Allmacht

Gott ist allmächtig,

    ihm ist alles gegenwärtig,

        ihm kannst du nicht entflieh´n.

– lebe also so,
  dass er jederzeit bei dir „Wohnung" machen könnte!

Wohin ich auch schau, wo ich auch bin.

Wohin ich auch schau, O Herr, deine Schöpfung ist mir stets vor Augen.
Da ist nichts, von all dem, was mich umgibt, was nicht ist von dir.

Ja, was ich auch denk, O Herr, meine Gedanken, sie sind alle dir bekannt.
Wohin ich auch geh, immer bin ich doch völlig, völlig von dir erkannt.

Ja, was auch geschieht, O Herr, du lässest mich sicher nie ganz allein.
Wenn ich mal fehl, vergib mir, denn endlos ist doch deine Liebe.

Deine Güte ist mir Hoffnung, deine Nähe gibt mir stets den nötigen Trost.
Deine Liebe lässt mich immer wieder von Neuem zart erblühn.

Gerhard Jobs

Braunschweig,   2007

Wirklich zu lieben bedeutet,

dem Erwählten Zugang zu Deinem Herzen zu verschaffen.

    – dich vor allen zu ihm zu bekennen.

    – sein Wohl dem Deinen voranzustellen.

    – einen Menschen wirklich zu lieben heißt auch,
      keine Geheimnisse mehr vor ihm zu haben,
      ihn in Dein Innerstes schauen zu lassen.

Ingeborg!

Schön ist es, nein, herrlich ist es, Dich an meiner Seite zu wissen,
Deine Hand in der meinen zu halten, einfach in Deiner Nähe zu sein.
Dich möchte ich, mein Herzallerliebstes, niemals je missen,
Du bist mir so wertvoll, nichts kann Dich ersetzen, Du, so edel und so rein.

Mein Wunsch ist es, die Ewigkeit mit Dir an deiner, an meiner Seite zu
erleben,
sie zu erobern, zu ergründen, viel Neues mit Dir zu erlernen.
Jetzt erst einmal gilt es, an unserer Zukunft zu bauen, uns zu erheben,
dem Herrn von ganzem Herzen vertrauen, von seiner Lehre uns niemals
entfernen,

– dann kommt der Tag, wo wir sein Antlitz schauen, in der Hoffnung
   – auf ein ewiges Leben.

Gerhard Jobs

Friedrichsdorf, d. 29.03. 2007

Sterblichkeit

Die Sterblichkeit ist ein Teil der Ewigkeit,

weil nur der Sterblichkeit Zeit zugemessen ist.

Ewigkeit berührt Sterblichkeit

Zwei Menschen haben sich gefunden, einander lieben sie so sehr.
In freudigen und schweren Stunden, - ihr Herz bleibt niemals leer.
Es schien, alles kannte man einander, sie seien nie einander fremd
gewesen.
Eingebettet in das Heute, in das Hier,   - und doch, irgendwie - ein
fremdes Wesen.

Als sei ihr Ursprung, fast unglaublich, gar unfassbar, endlos fern,
nicht von dieser Welt.
Als gäb's noch mehr, nicht nur den Augenblick, viel mehr   - was da
noch zählt.
Und deutlich fühlt man, dass das Jetzt, ein Teil des großen Ganzen ist.
Dass man aus der Vergangenheit über das Jetzt, auch sogar die Zukunft
misst.

Alle Zeiten verschmelzen zu einer Einheit, zu einem großen Lebensweg.
Das Jetzt wird Gestern und zeigt den Weg zum Morgen auf.
Da sind zwei Menschen, die gehen über diese Welt.
Fühlen ihr Glück, das einzige wahre, was im Augenblick für sie nur zählt.

- - - und doch, gelegentlich fühlen sie, wie von zarter Hand berührt,
dass ein langer Lebensweg aus der Vergangenheit in die Ewigkeit sie
führt.

Gerhard Jobs

Braunschweig, d. 01.05.2008

Liebe

Wirst Du geliebt, fühlst Du keine Grenzen,

— ihr Verlust sperrt Dich in die dunkelste Kammer

Liebe!

Liebe, nur ein Wort? Obwohl oft in den Mund genommen, man sie doch
selten praktiziert.
Häufig wird sie einem zugesichert, doch wenn sie von Nöten, den Helfer sehr
schnell man aus den Augen dann verliert.
Weg ist er, unglaublich flott, auf und davon,
                        – zurück blieb nur, des Wortes schöner Ton.

Gelegentlich, – und das kommt hin und wieder wirklich schon ´mal vor,
klingt das so liebevolle, so erwärmende, die Seele bereichernde Wort,
leise an dein Ohr.
Wird dann ein Arm um deine Schulter zart gelegt,
wie schnell bist du von Leid befreit, wenn jemand still und sehr
anteilnahmevoll, hat deinen Sorgen zugehört.

Ein schneller Griff, eine gute Tat zur rechten Zeit, eine kleine Gabe froh
gegeben,
sie erfüllt das Wort Liebe, jetzt auch für dich, mit wirklich fühlbar neuem
Leben.
Trifft dann ein gütiger Blick deine Augen, eine zarte Berührung deine
 von der Arbeit raue Hand.
Fühlst du dich verzaubert, wie in einem fremden,
                    – und doch so wünschenswertem Land.

Gemeinsam verbrachte Zeit, ist für dich, für deine Seele und ihr heimlich
stilles Sehnen,
wie ein Wunder, – ja, du kannst nun wieder Zukunft am Horizont deines
Lebens sehn.
– und sie, die Liebe, jetzt nicht nur ein Wort, lässt dich durch dies oft raue
Leben, mit einer neuen Zuversicht zu ungeahnten Höhen aufrecht
 und gerade wieder geh´n.

Gerhard Jobs

Braunschweig, d. 13. 11.2008

93

Die Bedeutung des Geldes

Geld ist nur ein Zahlungsmittel,

     vergiss das nie, sei nie sein Büttel

Wie du es einsetzt und damit umgehst,
     das zeigt deinen wahren Charakter.

Geld!

Geld macht dir lang erwünschte Träume wahr,
es verschafft dir Freude, Freunde, Gehör und Macht.
Ja, und noch viel viel mehr, fürwahr.

Wenn du es nie in Mengen hast besessen,
nie über seinen Zauber wirklich nachgedacht,
kannst du auch seine Größe nie ermessen.

Wenn dein Portemonnaie tatsächlich prall mit Geld gefüllt,
– und du meinst die Welt steht dir jetzt offen,
bemerkst du, dass dein Hunger nach mehr,   – noch lange nicht gestillt.

Geld kann wie eine Droge sein,
sie macht dich sorglos, gibt dir scheinbar Sicherheit.
Hast du es nicht mehr, fühlst du dich hilflos, einfach klein.

Es beginnt ein Schaffen, ein Raffen, nach günstigen Gelegenheiten gaffen.
Viel musst du davon haben, an einer großen Zahl davon willst du dich gütlich
laben.
Letztlich machst du dich um seinetwillen sogar zum Affen.

Und was ist es schon, doch nur ein Stück Papier,
schön bedruckt, gelegentlich auch kunstvoll und recht kreativ gestaltet.
Doch ohne Glauben an seinen Wert, gibt keiner dir überhaupt etwas dafür.

Halt es in deinen Händen, schau es dir an, denke, was du damit alles zu
bewegen vermagst.
Viele Gedanken, Wünsche, Möglichkeiten keimen in deinem Inneren nun auf.
Benutze es weise, sei großzügig, lindere Not, verändere die Welt zum Guten,
 – dann, das sei dir versichert und gesagt, nie über sein Besitz du jemals
klagst.

Gerhard Jobs

Braunschweig, d. 31. 01.2009

Geschichte ist . . .

Die Summe "des täglichen Lebens" aller Menschen,

eines Staates,

ist die Geschichte dieses Volkes.

Geschichte

All die täglichen Ereignisse eines jeden in seinem Leben ist der Stoff,
woraus wir den Teppich der Geschichte weben.
Darum kann ein jeder mit seinem Denken und Tun, seinem Nehmen und
Geben, die Geschichte beeinflussen, ja enorm beleben.

Selbst wenn du unter dem Diktat von Vorgesetzten, selbst einer
Regierung stehst,
so Frage dich, ob du das Recht und die Wahrheit bewahrst, nicht beugst?
Du dich an Ehrenhaftem hältst, kein Verrat an der Geschichte du begehst.

Stehe aufrecht, bedränge niemanden, tue Gutes, achte deinen Nächsten,
zu guten Führern sei loyal.
Bedenke stets, Betrug, falsche Machenschaften, Gier und Stolz,
zerstören deinen guten Charakter und bringen dir Gewissensqual.

Mut zur Ehrlichkeit, Toleranz und Nächstenliebe, verschönert die
Geschichte allemal,
Feigheit, unterwürfiges Verhalten, sich niederwerfen vor dem Mammon,
die Folgen davon sind nicht nur für dich, sondern auch für uns alle
sehr fatal.

Sei dir bewusst, dein Einfluss, deine Art zu leben,
gestattet dir, den Teppich der Geschichte zum Guten oder Bösen,
entscheidend mit zu weben.

Gerhard Jobs

Braunschweig, d. 23.04.2009

Lesen Sie gern? Wollen Sie sich von der „ersten Liebe",
die jeder irgendwann einmal erlebt, also auch Nicole,
verzaubern lassen?
Oder ist das schon zu lange her, sodass ein sich wieder
Erinnern nottut?

„Nicole, eine besondere Frau?"

Das wäre dann das richtige, das ideale Buch,
der gut zu lesende Roman für Sie.

Ein Roman, der Sie den Alltag vergessen lässt.

Einfach nur im Buchhandel nachfragen oder beim BoD SHOP
sowie im Online - Buchhandel bestellen.

Weitere Informationen zu den Werken und zur Person des
Verfassers sind unter

http://www.Jobs-Geometrie-Natur.de

für Sie bereitgestellt.